MADAME LA DUCHESSE D'ORLÉANS

RÉGENTE

SUIVI D'UNE

NOTICE

SUR LES RÉGENTS ET RÉGENTES

DE FRANCE.

Par A. R. B.

> Oublie-t-on qu'en maintes occasions elle s'est montrée aussi française que le prince dont nous déplorons la perte ; oublie-t-on enfin que les preuves d'amour qu'elle a données à sa patrie adoptive méritent sa reconnaissance, et que le pays ne saurait les méconnaître lorsqu'il se présente une occasion si belle de lui prouver que la France ne paie jamais d'ingratitude ceux qui l'aiment et qui mettent leur confiance dans sa générosité. (Pag. o.)

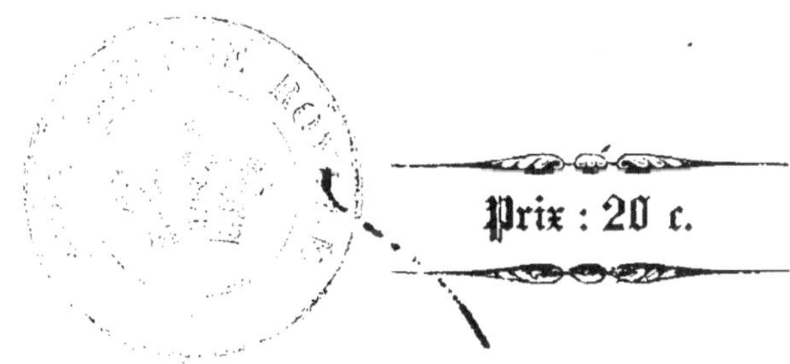

Prix : 20 c.

PARIS

CHEZ JULES LAISNÉ, GALERIE VÉRO-DODAT,

ET CHEZ TOUS LES MARCHANDS DE NOUVEAUTÉS.

1842

MADAME LA DUCHESSE D'ORLÉANS

RÉGENTE.

Les chambres sont convoquées pour le **26** juillet; jamais depuis la révolution de **1830** il ne s'était présenté une circonstance plus grave que celle sur laquelle la chambre des députés va être appelée à délibérer. Mais ici s'élève deux questions fort simples, fort naturelles, et que chacun s'est déjà faites.

Première question :

La chambre nouvelle, nommée seulement en vue de décider qui l'emportera du pays ou du ministère, et nous espérons bien que ce sera le pays, la chambre, disons-nous, a-t-elle le droit de décider une question aussi grave que celle qui va lui être soumise? A cette première question, quelques-uns auront répondu affirmativement, et vous êtes peut-être de leur avis; plusieurs aussi auront répondu négativement, et c'est le mien.

La deuxième question est celle-ci :

La chambre nouvelle délibérera-t-elle? A cette question je répondrai qu'il est probable qu'elle délibérera. Nous allons donc essayer de présenter quelques vues sur ce sujet.

Malgré toute la réserve qu'on désirerait garder, il est impossible, dans une question comme celle-ci, de ne pas y mêler les noms des personnes qui y sont intéressées. Ces noms se bornent à deux que tout le monde sait déjà : M. le duc de Nemours et Mme la duchesse d'Orléans. A mon avis, le premier ne semble pas réunir le vœu général, malgré ce que veut bien en dire un certain journal intéressé sans doute à faire prévaloir cette opinion ; tandis que Mme la duchesse d'Orléans paraît devoir réunir en sa faveur de nombreux partisans. Puisque telle est mon opinion, et que dans une question telle que celle-ci on ne saurait réunir trop d'avis, qu'on me permette donc de donner le mien.

Notre histoire offre plusieurs Régences remplies par des femmes, et tous ces gouvernements, ou presque tous, furent glorieux ; à part les agitations presque inséparables de pareilles circonstances, agitations que nous voyons fomentées par les oncles des rois mineurs, par les barons et les grands du royaume ; agitations toujours réprimées par la volonté, le courage ou l'adresse des reines Régentes, dont la puissance reste inébranlable. Blanche de Castille, mère de Louis IX, soumet les barons et les princes ligués contre elle ; par ses négociations elle ajoute quatre comtés à la couronne. Anne de France, dame de

Beaujeu, remplit les fonctions de Régente sous Charles VIII, et le royaume s'en est bien trouvé. La Régence de Catherine de Médicis, quoique souillée par
les horreurs de la Saint-Barthélemy, n'en a pas
moins légué à la France de bonnes lois et de sages
ordonnances ; et si ce bienfait ne peut atténuer la ré-
pulsion qu'inspire le nom de Catherine de Médicis,
il fait voir du moins que l'esprit du mal ne la domi-
nait pas tout entière. Nous avons encore la Régence
de Marie de Médicis, mère de Louis XIII, et celle
bien plus glorieuse d'Anne d'Autriche, mère de
Louis XIV. Si nous jettons un regard sur les Régences remplies par des princes du sang, que voyons-
nous ? A l'exception de la Régence de Baudouin,
comte de Flandre, qui exerce sa charge avec honneur sous Philippe Ier, nous avons celle du duc
d'Anjou sous Charles VI, Régence qui, malgré son
peu de durée, suffit à remplir le royaume de que-
relles et commence les malheurs de ce roi infortuné.
Dans une époque plus rapprochée de nous, à la minorité de Louis XV, nous trouvons le duc d'Orléans
Régent, ayant pour ministre le cardinal Dubois.
Époque d'abaissement, de déshonneur et de ruine
pour la France.

Si nous ouvrons l'histoire des autres pays, les
mêmes circonstances se présentent à nous : en gé-

néral, le gouvernement par les femmes s'y montre
plus glorieux que celui des hommes. Sans en recher-
cher les causes, qui ne feraient rien à mon sujet,
disons donc que le sexe ne doit point faire objection.
A ceux d'ailleurs qui pourraient objecter que les
mains d'une femme ne sauraient être assez fermes
pour maintenir les rênes de l'État en présence des
partis, que quelques terroristes voient déjà prêts à
s'entredéchirer, nous répondrons (et c'est notre con-
viction, que nous voudrions faire partager) que
c'est précisément parce que ces partis existent que
nous verrions avec joie le pays remettre son sort entre les mains de la duchesse d'Orléans, persuadé que
nous sommes que par là l'on trouverait le meilleur,
le plus sûr, et faut-il le dire? le seul moyen de les
dompter, en réunissant autour d'une femme tout ce
qu'il y a en France de cœurs nobles et généreux, et
nous sommes sûrs aussi que la duchesse d'Orléans
ne manquerait pas d'énergie pour défendre les droits
de la France, l'énergie n'ayant jamais manqué à
ceux qui ont eu confiance dans la nation.

Il reste donc la qualité d'étrangère qu'on pourrait m'opposer; mais oublie-t-on que, par son ma-
riage avec le prince royal, l'infortunée veuve a re-
noncé à son pays, et que sa patrie, à elle duchesse
d'Orléans, ne peut plus être maintenant que celle

de ses enfants? oublie-t-on enfin que les preuves
d'amour qu'elle a données à sa patrie adoptive mé-
rite sa reconnaissance, et que le pays ne saurait les
méconnaître lorsqu'il se présente une occasion si
belle de lui prouver que la France ne paie jamais
d'ingratitude ceux qui l'aiment et qui mettent leur
confiance dans sa générosité?

Une autre objection vient de ce que Mme la duchesse d'Orléans est d'une autre religion que celle
de la majorité des Français. Misérable objection dans
un siècle comme le nôtre, dans un pays comme le
nôtre, où la religion n'est pas dans l'État, comme
cela a lieu en Angleterre ; et si, malgré sa croyance,
elle a été jugée propre à devenir l'épouse de l'héri-
tier présomptif, nous ne voyons pas pourquoi ce qui
a été trouvé alors sans danger pourrait le devenir
dans les circonstances nouvelles que le sort lui a
faites. Il eût été plus convenable, dans ce cas, de
choisir au prince une épouse dans les familles catho-
liques. Mais passons, cela ne sera jamais une objection sérieuse. Il n'en reste donc pas qui puissent
s'opposer à voir réaliser un vœu que nous avons en-
tendu former par un grand nombre de personnes, et
les raisons qui militent en faveur de la résolution
que nous espérons sont nombreuses. Empressons-
nous d'ajouter qu'il ne s'agit point, dans une ques-

tion comme celle-ci, de satisfaire tel ou tel parti ; il s'agit de l'avenir, du bonheur et de la prospérité de la France, et nous croyons que la Chambre des députés ne manquera pas à la haute mission qu'elle est appelée à remplir.

Pour ceux que des exemples pris dans l'histoire convaincront mieux que des raisonnements, je fais suivre cet opuscule d'une *Notice historique des Régents et Régentes de France :* peut-être y trouvera-t-on un sujet de plus de pencher en faveur de l'opinion que je voudrais voir partager, en voyant les Régentes gouverner l'État généralement avec adresse et souvent avec gloire, tandis qu'ils verront les Régents ne montrer que faiblesse lorsqu'ils ne sont pas emportés par l'ambition et leur propre intérêt.

NOTICE-HISTORIQUE
SUR LES RÉGENCES EN FRANCE.

Nous passerons rapidement sur les différentes Régences qui eurent lieu sous la première race. Alors il n'y avait point d'ordre de Régence établi, elle était quelque fois exercée par la mère du mineur, comme à la mort de Childebert II qui laissa la Régence à Brunehaut, la reine; d'autrefois, et c'est le plus souvent, par les Maires du palais, comme on le voit sous Thierri III, qui n'était qu'un fantôme de roi, tandis que Pepin, maire du palais, en remplissait toutes les fonctions; son fils Charles Martel en fit de même sous Chilperic II et sous Thierri IV, et même il s'était tellement habitué à régner, que, pendant un long interrègne, il gouverna seul sous le titre de duc des Français. A sa mort, arrivée en 741, ses fils firent proclamer roi Childeric III. Voilà pour la 1re race.

Sous la seconde race, il est fait mention pour la première fois, dans une charte de Louis Ier dit le Débonnaire, de ce principe: « Que le droit à la Régence est déterminé, autant que possible, par l'ordre de succession au trône, c'est-à-dire, que le plus proche parent du roi défunt est le plus apte à revêtir cette charge. » A côté de ce principe on trouve aussi que la mère du roi mineur conserve son droit. Plus tard, ces principes ne furent pas toujours respectés; car dès la première minorité de la 3me race nous voyons une reine-mère, Anne, femme de Henri I, et le duc de Bourgogne, frère du roi, exclus de la régence et remplacé par Baudouin, comte de Flandres, son beau-frère, qu'il avait désigné de son vivant pour remplir cette charge.

Sous la troisième race, les cas de Régence sont fréquents; nous avons d'abord celle de Baudonin, comte de Flandres que nous venons de citer. Il s'acquitta avec honneur de cette charge que la volonté du feu roi lui avait octroyée, et il mourut après l'avoir exercée pendant sept ans, laissant le roi Philippe Ier âgé de 15 ans.

Nous avons ensuite la reine Blanche, mère de Louis IX, désignée par un acte de Louis VIII comme régente du jeune roi; elle réunit pour la première fois la qualité de tutrice et de Régente. Tout le commencement de la minorité fut employé à soumettre les barons et les princes ligués contre elle, ayant Philippe de Boulogne et Thibaud, comte de Champagne à leur tête; par sa fermeté et son courage elle parvint à les soumettre et elle sut triompher de tous les obstacles qu'on élevait vainement autour d'elle. A la majorité du roi elle remplit encore l'office de Régente pendant l'absence qu'il fit lors de sa 1re croisade, en 1248. —A la seconde croisade, en 1269, il établit Régent du royaume, Mathieu, abbé de Saint Denis, et Simon de Clermont de Nesles. Il l'avait offerte à Margueguerite, son épouse, qui refusa.

On voit néanmoins qu'au cas de Régence pour minorité, la volonté testamentaire du roi devait être approuvée et sanctionnée par les grands du royaume.

Ce fut par les soins et les négociations de la reine Blanche, régente, que les comtés de Toulouse, de Blois, de Chartres, de Sancerre, et la vicomté de Châteaudun, revinrent à la couronne.

Philippe-le-Hardi étant encore en Afrique après la mort de Louis IX son père, rend une ordonnance touchant la majorité du roi et la fixe à quatorze ans. A son retour il rendit encore une ordonnance sur le même sujet. Il est le pre-

mier de nos rois qui ait voulut apporter quelques régle-
ments sur la Régence.

Au mois d'août 1374, nous trouvons une ordonnance
de Charles V, par laquelle les rois sont déclarés majeurs à
quatorze ans, l'enregistrement s'en fit par l'ordre du roi
au parlement de Paris. C'est cette ordonnance que le
chancelier de l'Hôpital expliqua sous le règne de Charles IX, et il fut dit que l'esprit de la loi était que les rois
fussent majeurs à quatorze ans commencés, et non pas
accomplis, comme il semble que cela devrait être.

Au mois d'octobre 1374, autre ordonnance de Charles V, par laquelle il déclare que s'il meurt avant que son
fils soit entré dans l'âge de quatorze ans, le duc d'Anjou,
son frère, sera Régent du royaume jusqu'alors. Dans le
même mois il donne une autre ordonnance qui porte que
s'il meurt avant que son fils aîné soit entré dans sa qua-
torzième année, la reine aura la tutelle de ses enfants,
fils et filles, jusqu'à ce que le roi soit parvenu à l'âge de
quatorze ans, et qu'avec elle les ducs de Bourgogne et de
Bourbon seront tuteurs, et que si la reine, par mort, ma-
riage ou autrement, ne peut être tutrice, le duc de Bourgogne sera tuteur, et à son défaut le duc de Bourbon.

Charles V sentait qu'il était temps de mettre ordre à
l'abus des Régences qui absorbaient l'autorité royale :
dans la première et la seconde race, durant la minorité du
roi, les actes étaient scellés du sceau du régent. Cet usage
était fondé sur ce que le roi n'était point roi qu'il n'eût
été sacré, et ce sacre était différé par le Régent aussi long-
temps qu'il pouvait ; aussi voyons nous que plusieurs
de nos rois firent sacrer leurs fils de leurs vivants, pour
les mettre à l'abri du mauvais vouloir du Régent. La régence était le plus ordinairement distinguée de la tutelle,

et ne se confondait pas dans la même personne; la reine Blanche fut la première qui réunit ces deux titres que l'on ne sépara plus depuis.

Charles VI monte sur le trône à l'âge de douze ans et quelques mois. Sa minorité commença les malheurs de son règne. Il y eut des contestations, à l'occasion de la Régence, entre les ducs d'Anjou, de Berri, de Bourgogne et de Bourbon, oncles du roi; le duc d'Anjou prétendait être seul régent et tuteur du jeune roi. On assembla des arbitres qui déférèrent la Régence au duc d'Anjou, et chargèrent les ducs de Berri et de Bourbon de l'éducation du roi et de la surintendance de sa maison. Pendant sa régence, qui fut de courte durée, le duc d'Anjou avait intitulé les lettres royales de son nom. Il a été le dernier régent qui ait eu un sceau particulier. Les différents entre les quatre oncles du roi continuèrent même après la Régence et furent pour son règne une source de calamités auxquelles sa démence mit le comble.

Nous avons une ordonnance de Charles VI, du mois de janvier 1392, sur la tutelle, et une autre du même mois sur la Régence du royaume. Nous avons encore deux autres ordonnances du même roi, une du mois d'avril 1403 qui porte *que lorsque le roi montera sur le trône, en quelque minorité qu'il soit, il sera réputé pour roi, et que le royaume sera gouverné par lui et en son nom par les plus prochains de son sang et par les plus sages hommes de son conseil.* Le 26 décembre 1407, autre ordonnance qui confirme celle de 1403 sur la majorité des rois de France. Ces ordonnances sont conformes à celles de Charles V son père, et sont devenues en quelque sorte la jurisprudence de notre droit public sur cette matière, malgré qu'elles ne furent pas toujours suivies.

Charles VIII monte sur le trône en 1483, âge de treize ans. Anne de France, dame de Beaujeu et sœur de Charles, a le gouvernement de la personne du roi, ainsi que l'avait ordonné Louis XI, et sans qu'il y eût de régent en France. En 1484 ce titre lui est confirmé par les États-Généraux assemblés à Tours, malgré l'opposition du duc d'Orléans, qui, en sa qualité de premier prince du sang, voulait avoir la principale autorité. Un conseil de dix personne, dont faisaient partie les princes du sang, fut établit pour pourvoir aux besoins de l'État.

François Ier, avant de partir pour l'Italie établit Mme d'Angoulême, sa mère, régente. Ayant été fait prisonnier à la bataille de Pavie, ce fut la régente qui, pour permettre à François Ier de rentrer en France, donna pour otage ses deux petits fils, coup très-habile dans cette occasion. Charles Quint avait demandé pour otage les deux enfants de France, ou un nombre de nos meilleurs capitaines; la régente n'hésita pas, elle aima mieux envoyer les deux princes que de priver la France de ses meilleurs ressources.

Charles IX monte sur le trône le 27 juin 1560, âgé d'environ 10 ans. Les députés des trois États ayant représentés que leurs pouvoirs étaient expirés à la mort du feu roi, et qu'il fallait les renouveller, il fut arrêté qu'ils continueraient d'agir en invoquant ce principe que, par la loi du royaume, l'autorité royale ne meurt pas, et qu'elle passe sans interruption du roi défunt à son successeur.

Le 8 décembre 1560, le roi envoie au parlement de Paris une lettre par laquelle il lui annonce, qu'attendu son bas âge, et se confiant en la vertu et en la prudence de la reine sa mère, il l'a supplie de prendre en main l'administration du royaume, avec le sage conseil et avis du roi de Navarre et du conseil. Cette résolution avait été prise sur l'avis de: États qui pensaient concilier par là les intérêts du roi de Navarre en lui donnant le gouvernement du roi conjointement avec Cathérine de Médicis ; mais ce moyen terme ne réussit pas, et la lutte continua jusqu'au moment où Catherine en faisant déclarer la majorité du roi avant l'âge, se fit autoriser par lui à continuer l'administration du royaume. Suivant quelques historiens, Catherine ne fut point réellement Régente pendant la minorité de Charles IX, mais on sait assez la part qu'elle prit au gouvernement. Le roi étant mort en 1574, le titre de Régente lui fut déféré en vertu de lettres patentes que lui donna Charles IX quelques jours avant sa mort, et qui furent enregistrées au parlement. Par ces lettres le feu roi avait déclaré la reine Régente jusqu'à ce que son successeur qui régnait en Pologne fût de retour en France.

Louis XIII monte sur le trône à l'âge de trois ans et demi, un arrêt du parlement déclara Régente la reine Marie de Médicis, cette princesse réunit à elle seule la tutelle et la Régence.

Instruit des dangers que les Régences faisaient courir à l'État, Louis XIII rendit plusieurs ordonnances à ce sujet, la première est du 19 avril 1643, elle porte que la reine Anne d'Autriche sera Régente jusqu'à la majorité du dauphin, et nomme M. le duc d'Orléans lieutenant général du royaume, mais sous l'autorité de la reine, de plus le roi nomma un conseil de Régence aussi sous l'autorité de la reine ; ce conseil devait décider à la pluralité des voix toutes les affaires importantes de l'État. Après la mort du roi, Louis XIV monte sur le trône. Le parlement passant outre à la déclaration du feu roi, et par un arrêt du 18 mai 1643, proclama la reine-mère Régente du royaume sans aucune restriction, et lui laissa la faculté de composer son conseil comme elle l'entendait, et sans l'obliger à suivre la pluralité des voix si telle n'était pas sa volonté.

Louis XIV pressé par les sollicitations de quelques favoris, fit son testament et l'envoya le 30 août 1714 au parlement avec un édit portant qu'il devait être mis en dépôt au greffe du parlement, et qu'on ne devait l'ouvrir qu'après sa mort. Dans ce testament, qui était du 2 août, le roi établissait un conseil de Régence, dont il faisait chef le duc d'Orléans, ce conseil devait être composé des princes du sang, des ministres d'État, etc., toutes les affaires devait être décidées par ce conseil à la pluralité des voix; on voit que Louis XIV s'y conformait aux dispositions de l'édit de 1407. Le duc du Maine devait avoir l'éducation du roi et la surintendance de sa maison.

Le lendemain de la mort de Louis XIV, et ainsi qu'il l'avait prévu, ce testament était brisé par un arrêt du parlement, et le duc d'Orléans proclamé Régent.

Tout le monde sait ce que fut cette Régence, et dans quelles mains tombèrent les rênes de l'État par la faiblesse du Régent. Cette époque fameuse dans les annales de la débauche et des désordres de toutes sortes, vit un ministre, le même qui gouvernait la France, être à la solde de l'Angleterre! Doit-on s'étonner après cela de la ruine de la monarchie.

La constitution de 1791 renferme quelques dispositions générales sur la Régence. — La majorité du roi y est fixée à dix-huit ans accomplis. — La Régence appartient au plus proche parent du roi. — Les femmes en sont exelus, etc. — Des dispositions règlent aussi les conditions d'élection du Régent.....

Un sénatus-consulte du 28 février an XII, s'occupe également de la régence, il y est dit que : — "empereur est mineur jusqu'à l'âge de dix-huit ans accomplis ; — le Régent doit être âgé de vingt-cinq ans accomplis ; — les femmes sont exclues de la régence ; — l'empereur désigne le Régent parmi les princes français, et à leur défaut, parmi les titulaires des g andes dignités de l'empire, etc.....

Par un autre sénatus-consulte du 5 février 1813, il est apporté quelques modifications aux dispositions ci-dessus. — Ainsi on y voit que si le prédécesseur de l'empereur mineur n'a pas disposé de la régence, l'impératrice-mère réunit de droit la garde de son fils mineur, et la Régence de l'empire, mais qu'elle ne doit pas se remarier, — on doit aussi nommer un conseil de Régence composé des princes du sang et des grands dignitaires de l'empire, etc.....

On sait que l'impératrice Marie-Louise, par lettres patentes du 30 mars 1813, eut la régence de l'empire pendant l'absence de Napoléon.

Ce sont là les seuls textes qu'on peut invoquer sur cette grave question, espérons que la chambre qui va être appelée sous peu de jours à s'en occuper, se montrera digne d'une aussi haute mission.

FIN.

Imprimeries de PECQUEREAU et Cᵉ, rue de la Harpe, 58.